年長〜
小学校
中学年

SPY×FAMILY ワークブック

アーニャとはじめて

プログラミング

新学習指導要領対応

キャラクター原作
遠藤達哉

監修
NPO法人
みんなのコード
竹谷正明

JN001068

集英社

すべてのワークを
やりおえたら、ここに
ステラ（星）シールを
はろう！

シールを
はろう。

もくじ

ボンド

アーニャにひろわれた
大型犬。予知能力がある。

アーニャ

孤児院にいたが
ロイドに引き取られる。
心を読むことができる。

ロイド

スパイ〈黄昏〉の仮のすがた。
任務のためアーニャを引き取
りイーデン校に入学させる。

ヨル

市役所で働くが、裏の
顔は殺し屋。ロイドと
かりそめの夫婦になる。

フランキー

ロイドに協力する
情報屋。

ダミアン

大物政治家のむすこ。
イーデン校に通っている。

ベッキー

大企業CEOのむすめ。
イーデン校に通っている。

ヘンダーソン

アーニャたちの
担任教師。

この本のつかいかた

① 2ページで1回分の
ワークになっています。

② 右上のらんに、ワークをした
日にちを書きましょう。

学習日	月	日

③ 1回分のワークをときおわったら、
こたえあわせをして、右上のらんに
「がんばったね！シール」を
1まいはりましょう。

こたえは44〜48ページにあります。

④ すべてのワークをやりおえたら、
さいしょのページに
ステラ（星）シールを
はりましょう。

監修者のことば

　私は長く小学校に勤め、たくさんの子どもたちを見てきました。子どもたちのデジタル機器とのつき合いかたで気になるのは、動画を見たりゲームをしたりといった情報を消費するような使いかたが目立つことです。そんな子どもたちもプログラミングを体験すると、目を輝かせながら「難しいけどおもしろい」と言い、次々と手を進めていく姿が見られました。

　私たちの周りにはたくさんの便利な機器があふれています。外出先からオンオフが操作できるエアコン、音声で調節できる照明、レシピに合わせて加熱を設定してくれるオーブンレンジ…こうした機器を簡単に使うことができます。こうした便利な機器には全てコンピュータが組み込まれているのですが、私たちも子どもたちも、その存在を意識しなくても日常生活を送ることができます。昔の人が見たら、指先で画面にタッチするだけでいろいろなことができる「魔法の箱」のように見えるかもしれません。

　しかし、子どもたちにとってコンピュータは「魔法の箱」のままでよいのでしょうか。この社会の未来を切り拓いていく子どもたちには、与えられたものをただ使うという受け身の態度ではなく、仕組みや原理を知って自分から新しいものを創り出していこうとする姿勢を身につけてほしいと強く思います。

　コンピュータは人間の能力を拡張してくれるすばらしい力をもった道具です。でも、その特性を理解していなければ上手に活用することはできません。それどころか道具に振り回されてしまうこともあり得ます。

　コンピュータに自分の意図を伝え、思い通りに動かすためには特有の考えかたが必要です。しかしそれは、身近な生活の中にも隠れているものなのです。『アーニャとはじめてのプログラミング』は、そうした思考の育成に焦点を当てたワークブックです。子どもたちが大好きなアーニャたちとミッションをクリアすることを楽しみながら、自然とプログラミングの基本的な概念が身についていくようにデザインされています。やがてそれが実際にコンピュータを自在に使って新しい価値を生み出す力の素地となることを願っています。

　保護者の皆様も子どもたちと共に『SPY×FAMILY』の世界での冒険をお楽しみください。そしてぜひ、実際にコンピュータでのプログラミング体験へと子どもたちを導いていただければと思います。

　さあ、アーニャたちと一緒にコンピュータの世界へ「おでけけ」しましょう！

監修：竹谷 正明

東京都公立小学校教諭として30年勤務し、プログラミング教育の実践に取り組む。
現在は、NPO法人「みんなのコード」主任講師として、全国で研修・講演を展開している。

じゅんじょ①

1 アーニャは、つぎの **ア** 〜 **エ** のつみきをつんで、形を作ることにしました。

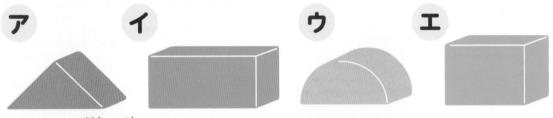

ア **イ** **ウ** **エ**

①と②の形を作るには、つみきをどのじゅんじょでつめばいいですか。**ア** 〜 **エ** の記号を書きましょう。

> 下から
> つんでいくと
> うまくいくぞ

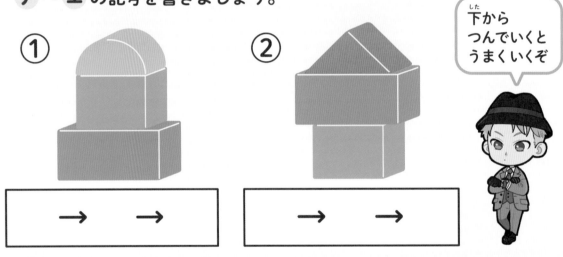

① ☐ → ☐ → ☐

② ☐ → ☐ → ☐

2 かさねてはっているシールがあります。きれいにはがすには、どのじゅんじょではがせばいいですか。**ア** 〜 **エ** の記号を書きましょう。

ア **イ** **ウ** **エ**

☐ → ☐ → ☐ → ☐

おうちの
かたへ

コンピュータは、前もって決められた命令をひとつずつ順番に実行することで、処理を進めていきます。最初の単元では、身近にある物事の手順を把握することや、決まった手順にしたがうことを通して、プログラミングにおいて基本的な「順序」の考えかたを身につけます。

学習日　　　月　　　日

がんばったね！
シールを
はろう。

3 アーニャがスタートからゴールまですすむ間に、5人の人と、つぎのじゅんじょで会いました。アーニャが通った道を、スタートからゴールまで線で書きましょう。

アーニャが会った人たち

ロイド　→　フランキー　→　ヨル　→　ヘンダーソン　→　ダミアン

ここから
スタート！

ゴール

じゅんじょ②

1 アーニャは、スタートから矢印の通りにすすみます。
下の矢印の通りにすすんだとき、アーニャはだれと会うでしょう。
会う人を、〇でかこみましょう。

> アーニャの
> すすみかた
> **はじめ**
> ↓ ← ↑ ← ↓ ↓

れい ← ← ↓ のときは、
こんなふうにすすむよ。

やじるし ひとつで
1ます すすめるます！

ここから
スタート！

おうちの
かたへ

コンピュータへ適切な指示を行うためには、正しい順序で命令することが大切です。矢印を使った迷路では、コンピュータのように命令にそって実行したり、ゴールへ着くための手順を考えたりすることで、順序の考えかたに親しみます。

学習日　　月　　日

がんばったね！
シールを
はろう。

2 アーニャがスタートからゴールまですすみます。○の中には、どの矢印が入りますか。下の４つの矢印からえらび、○に書きましょう。

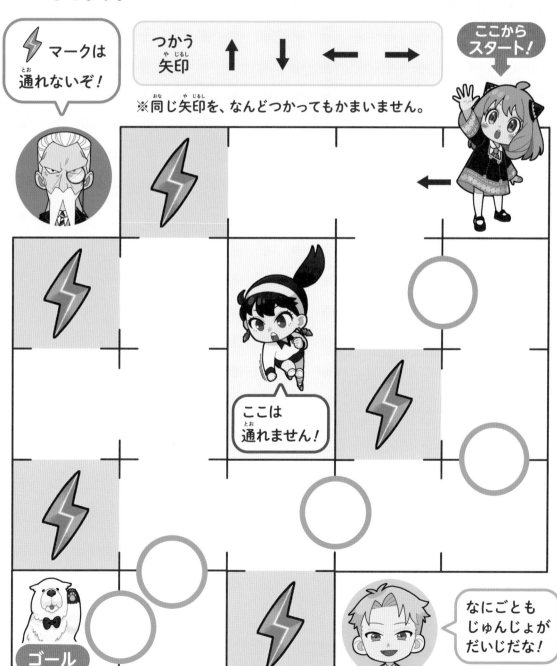

1 アーニャが朝おきてから、家を出るまでの間に、どのじゅんじょで何をしたらいいですか。**ア** 〜 **エ** の記号を書きましょう。

ア 家を出る　　**イ** 電気をけす　　**ウ** 朝おきる

エ 朝ごはんを食べる　　**オ** はみがきをする

□ → □ →**オ**→ □ → □

2 本だなのかたづけをしてから、おでかけすることになりました。アーニャは「算数」の本をとりたいのですが、いちばんおくにあります。何をどのじゅんじょでとりのぞけば、とれますか。**ア** 〜 **ウ** の記号を書きましょう。

ア 英語　**ウ**　MATHEMATICS OF YOIKO　ENGLISH OF YOIKO　算数　**イ**

□ → □ → □

おうちの
かたへ

「じゅんじょ」の単元のまとめ問題です。これまでの学習をふりかえりながら取り組むよう、お声がけください。

学習日 （がくしゅうび）　月（がつ）　日（にち）

がんばったね！
シールを
はろう。

3 アーニャたちは公園（こうえん）へ行（い）くとちゅうで、つぎのことを数字（すうじ）の
じゅんじょでしようと思（おも）いました。どの道（みち）を通（とお）って公園（こうえん）まで
行（い）けばよいか、線（せん）を書（か）きましょう。

① スーパーマーケットでピーナッツを買（か）う。
② 花屋（はなや）さんのおねえさんにあいさつする。
③ 書店（しょてん）で絵本（えほん）をさがす。

※同（おな）じ道（みち）は1回（かい）しか通（とお）れません。

スタート

スーパーマーケット

花屋（はなや）

書店（しょてん）

公園（こうえん）！

ゴール

 # くりかえし①

1 アーニャの大切なマスコットたちが、くりかえしならんでいます。
　れい のように、くりかえしのまとまりごとに、○でかこみましょう。

れい

①

②

③

どこからどこまでが
ひとまとまりかを見つける
ことがだいじだぞ

 うい

おうちの
かたへ

繰り返しとは、ひとまとまりの同じ動作や決められた手順を何回も行うことを指します。コンピュータに繰り返しを指示することで、効率よくプログラミング処理を行うことができます。マスコットや人物がどんなまとまりで繰り返しているか、パターンやきまりを見つける力を養いましょう。

学習日　　月　　日

がんばったね！
シールを
はろう。

2 みんながつぎのじゅんじょで、くりかえしならんでいます。
　?　にあてはまる人を、〇でかこみましょう。

①

　?　に入るのは、だれかな？

②

　?　に入るのは、だれかな？

くりかえし②

1 つぎのならびかたは、それぞれ何回_{なんかい}くりかえしていますか。
□にあてはまる数字_{すうじ}を書_かきましょう。

①

 を、□ 回_{かい} くりかえす。

②

 を、□ 回_{かい} くりかえす。

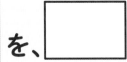

まとまりを見_みうしなわないことが
エレガントなこたえにつながるのだ

12

おうちの
かたへ

コンピュータは繰り返しが得意ですが、「どこからどこまでの手順を何回繰り返すのか」を明確に伝えることが、望む結果を得る上では大切です。回数に注目しながら、まとまりを見つけたり、命令を実行したりして、繰り返しに親しみましょう。

2 アーニャは、スタートからつぎのようにすすみます。アーニャはだれのところにたどりつきますか。〇でかこみましょう。

れい

のときはこんな
ふうにすすむよ。

アーニャのすすみかた

を2回くりかえす。

ここから
スタート！

ここにもあるよ

わたしたちの生活の中で、「じゅんじょ」や「くりかえし」のプログラミングをつかっているものはたくさんあります。たとえば、まちの中にあるしんごうき。「青」「黄」「赤」の「じゅんじょ」をくずさずに、何度も正しく「くりかえす」ことで、みんなのあんぜんをまもっているのです。しんごうが、たとえば「赤」「黄」ばかりをくりかえしていたら、いつまでたってもすすめませんからね。

13

エレガントなお茶会

1 ヘンダーソン先生のお気に入りのティーカップがくりかえしならんでいます。くりかえしのまとまりごとに、〇でかこみましょう。

①

②

2 ティーカップがつぎのじゅんじょで、くりかえしならんでいます。①と②それぞれ、？に入るティーカップはどれでしょう。下の ア 〜 ウ からえらび、記号を書きましょう。

一日のはじまりには クラシックをききながら
あついこう茶をのむ　これぞ エレガント

おうちの
かたへ

「くりかえし」の単元のまとめ問題です。これまでの学習をふりかえりながら取り組むよう、お声がけください。

学習日　　月　　日

がんばったね！
シールを
はろう。

3 こう茶といっしょに、ケーキを食べることにします。ティーカップとケーキは、毎日じゅんじょをきめて、つぎのようにくりかえすことにしました。

① ティーカップとケーキは、それぞれ何しゅるいありますか。

ティーカップ 　□　しゅるい　　　ケーキ 　□　しゅるい

② このくりかえしをまもると、日曜日のティーカップとケーキはどれになりますか。〇でかこみましょう。

ティーカップ   　ケーキ

4 ヘンダーソン先生は、スタートから、➡⬇ を2回くりかえしたところにあるティーカップでこう茶をのむことにしました。あてはまるティーカップを〇でかこみましょう。

矢印は1つで1マスすすむのだったな

ぶんき①

1 アーニャは、カードのしじにしたがって青い道をすすみます。
それぞれのカードの通りにすすむと、どこにつきますか。
ア〜**エ**からえらび、記号を書きましょう。

ア びじゅつかん **イ** しろ **ウ** レストラン **エ** 公園

①のカード
右 → 右

②のカード
左 → 右

つくところは ☐ つくところは ☐

分岐とは、ある条件に基づいて異なる動作をする仕組みのことです。これをプログラムに組み込むことで、コンピュータが様々な状況に適切に対応できるようになります。また、順序と繰り返しに分岐を加えると、コンピュータはより複雑な作業を実行することができます。ここでは、道を選ぶ問題を通して、分岐を視覚的に理解しましょう。

おうちの
かたへ

| 学習日 | 月 | 日 |

がんばったね！
シールを
はろう。

2 アーニャたちはレストランに行くことにしました。どのすすみかたなら、レストランにつきますか。**ア ～ エ**からえらび、記号を書きましょう。

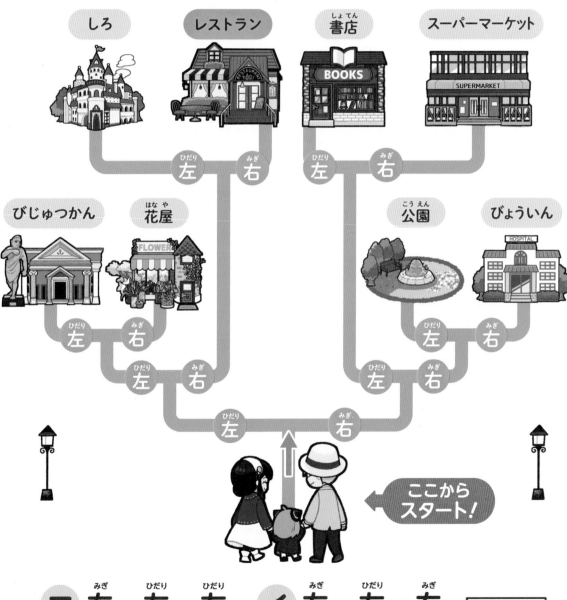

ア 右→左→左

イ 右→左→右

ウ 左→右→右

エ 左→左→左

ぶんき②

1 下の①と②のじこしょうかいをした人はだれでしょう。
ア〜キからえらび、記号を書きましょう。

ア ロイド
アーニャの父

イ ヨル
アーニャの母

ウ シルヴィア
ロイドのしごとの
えらい人

エ フランキー
ロイドの
しごとなかま

オ ベッキー
イーデン校のせいと

カ ダミアン
イーデン校のせいと

キ ヘンダーソン
イーデン校の先生

① わたしは、かみの毛がみじかいです。
わたしは、イーデン校のせいとではありません。
アーニャの家族です。

② わたしは、かみの毛が長いです。
わたしは、イーデン校のせいとです。
アーニャの家族ではありません。

おうちの
かたへ

プログラムにいくつもの分岐を組み込むことで、人間が
望むような柔軟な判断をしてくれるようになります。ここ
では、複数の条件に合致する人物を探したり、指定され
た服装に関する条件を判断したりすることで、文字情報
と複数の条件による分岐の考えかたを身につけます。

学習日　　月　　日

がんばったね！
シールを
はろう。

---

2 アーニャは毎日いろいろなふくをきます。せいふくをきて
いるときの答えとして、正しいものを **ア〜エ** からえらび、
記号を書きましょう。

せいふく	たいそうふく	パジャマ	ドレス

● しつもん ●

① 半そでですか、長そでですか？
② ぼうしはかぶっていますか？
③ リボンやもようはありますか？

ア
① 半そで。
② ぼうしはかぶっていない。
③ 水色のリボンがある。

イ
① 長そで。
② ぼうしをかぶっている。
③ 星のもようがある。

ウ
① 長そで。
② ぼうしをかぶっている。
③ 赤いリボンがある。

エ
① 半そで。
② ぼうしはかぶっていない。
③ リボンやかざりはない。

ヨル、料理にちょうせん！

1 アーニャとロイドが食べたいものについて話しています。
ふたりのねがいをかなえるために、ヨルは何を作ればいいですか。
ア ～ エ からえらび、記号を書きましょう。

> アーニャ にくとたまご
> りょうほうたべたい

> 今日は おなかの調子があまり
> よくないので フライはさけたい

ア オムライス

ざいりょう

ごはん
たまご
たまねぎ
ケチャップ

イ ミートボール

ざいりょう

肉
たまねぎ

ウ なんぶシチュー

ざいりょう

肉
たまねぎ
じゃがいも
たまご

エ エビフライ

ざいりょう

エビ
パンこ

> わたくしのすべての
> 力をそそぎこんで
> 作ります！

> はは
> むりするな

おうちの
かたへ

「ぶんき」の単元のまとめ問題です。これまでの学習をふりかえりながら取り組むよう、お声がけください。

| 学習日 | 月 | 日 |

がんばったね！
シールを
はろう。

2 ヨルがアーニャといっしょに、お店に買いものに行きました。

> ● 家にたまねぎがなかったら、たまねぎを買う。
> ● お店の牛肉が高かったら、とり肉を買う。
> ● アーニャが食べたいといったら、パンを買う。

下のふたりの絵を見て、**ア** 〜 **ウ** の文章のうち、正しいものには〇、まちがっているものには✕を書きましょう。

ア 家にたまねぎがあった。……☐

イ 牛肉は高かった。…………☐

ウ アーニャはパンを
食べたいといった。………☐

3 料理の作りかたのメモです。

> さいしょに、やさいと肉を切ります。そのあと、やさいと肉をいためます。そして、にこみます。さいごに、あじつけをします。

あかとあおの矢印のうち、正しい方はどちらですか。

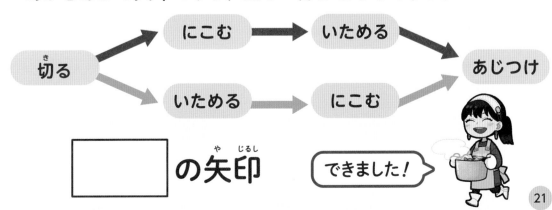

☐ の矢印

できました！

へんすう①

1 アーニャの行動（こうどう）に、それぞれ名前（なまえ）をつけます。
それぞれの絵（え）が、どのような名前（なまえ）になるか、書（か）きましょう。

名前（なまえ）のきまり

ぴー	➡	アーニャがピーナッツを食（た）べること。
べん	➡	アーニャがしゅくだいをすること。
いぬ	➡	アーニャがボンドとあそぶこと。

おうちの
かたへ

プログラミングにおける変数とは、情報を保管するための「引き出し」のようなものです。この引き出しに名前をつけて、数字や文字などの情報を入れておき、必要に応じて取り出したり変更したりします。ここでは事象と名前とを結びつける練習をしましょう。

がんばったね！
シールを
はろう。

2 家族みんなのそれぞれの行動に、名前をつけます。
それぞれの名前にあう絵をえらび、線でつなぎましょう。

名前のきまり

がっこう ➡ アーニャが学校に行くこと。
びょういん ➡ ロイドがしごとに行くこと。
しやくしょ ➡ ヨルがしごとに行くこと。

がっこう　　びょういん　　しやくしょ

●　　　　　　●　　　　　　●

●　　　　　　●　　　　　　●

アーニャは 〇、△、⬠、◻ の4まいのカードを
それぞれ引いたときにやることをきめました。

〇 を引いたら、ピーナッツを食べる。

△ を引いたら、勉強をする。

⬠ を引いたら、テレビを見る。

◻ を引いたら、ボンドとあそぶ。

1まい引いたら、1つのことをします。2まい引いたら、2つのことをします。

1 つぎのカードを引いたときには、何をしますか。
ア 〜 カ からえらび、記号を書きましょう。

ア ピーナッツを食べる。

① △ を引いた。➡ [　　　]

イ 勉強をする。

② ◻ を引いた。➡ [　　　]

ウ テレビを見る。

エ ボンドとあそぶ。

③ 〇 と ⬠ を引いた。➡ [　　　]

オ ピーナッツを食べながら、勉強をする。

カ ピーナッツを食べながら、テレビを見る。

2 4まいのカードから、何まいかのカードを引き、引いたじゅんじょの通りにきめたことをします。①～③のようにカードを引いたとき、それぞれさいごにアーニャがすることは何ですか。下の **ア** ～ **エ** からえらび、記号を書きましょう。

① ◎ 、 ⬠ ➡ ▢

② ◼ 、 ⬠ 、 ◎ ➡ ▢

③ ◎ 、 ⬠ 、 ◼ 、 △ ➡ ▢

ア

イ

ウ

エ

ボンドとの毎日

1 ボンドは、鳴き声で気持ちをあらわすことがあります。

- **ボーフ!** ……… うれしい。
- **ボバーフ!** ….. おこった。
- **ボフぅ～ン** …. がっかり。
- **ふすふす** …… 気になる。

いぬのきもち ふくざつ

それぞれのイラストに、あうシールをはりましょう。

シールを
はろう。

シールを
はろう。

シールを
はろう。

シールを
はろう。

おうちの
かたへ

「へんすう」の単元のまとめ問題です。これまで
の学習をふりかえりながら取り組むよう、お声が
けください。

学習日　　月　　日

がんばったね！
シールを
はろう。

2 アーニャは、カードをつかってボンドにめいれいを出^だすことにします。

 ➡ せなかにのせろ。

 ➡ ごはんをたべろ。

 ➡ さんぽにいこう。

 ➡ おひるねしよう。

ボンドに下^{した}の①と②のことをしてほしいとき、アーニャはどのカードを
どのじゅんじょで出^だしたらいいですか。シールをはりましょう。

① ➡ 　シールを　➡　シールを
　　　はろう。　　　　はろう。

② ➡ 　シールを　➡　シールを
　　　はろう。　　　　はろう。

ものごとをするじゅんじょのことを「手じゅん」といいます。
たとえば、ホットドッグを作るときは、つぎの2つのやることがあります。

ア パンをおく。　　　**イ** ソーセージをおく。

アと**イ**をつぎの手じゅんですすめると、ホットドッグができます。

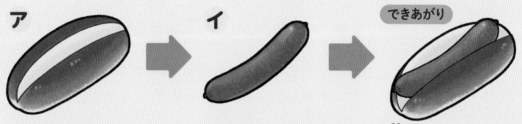

このことをふまえて、つぎからのもんだいに答えましょう。

1 アーニャは、サンドイッチ作りにちょうせんします。
サンドイッチを作るためにやることを、3つに分けました。

ア パンをおく。　**イ** レタスをおく。　**ウ** ハムをおく。

右のようなサンドイッチを作る
には、**ア**〜**ウ**のやることを、
どのような手じゅんですすめれば
よいですか。**ア**〜**ウ**の記号を
書きましょう。

※同じ記号をなんどつかってもかまいません。

ア →　　　→　　　→　　　→

おうちの
かたへ

アルゴリズムとは、ある問題を解決するために順序立てられた、明確な指示や手順のことです。プログラミングはもちろん、日常生活でも料理のレシピや電車の乗換案内に使われ、この手順通りに進むと、効率的に目的を達成できます。ここでは料理の手順を考える活動でアルゴリズムを学びます。

学習日	月	日

がんばったね！
シールを
はろう。

2 つぎはハンバーガーを作ります。ハンバーガーを作るときにやることを、どのような手じゅんですすめればよいですか。□の中に数字で書きましょう。作るためにいらないことには✕を書きましょう。

ハンバーガーの絵をよく見て考えよう

がんばるます！

下にパンをおく。□	トマトをおく。□	ケーキをおく。□

レタスをおく。□	上にパンをおく。□	肉をおく。□

アルゴリズム②

1 アーニャは、ヨルと公園に行きます。とちゅうで、おやつを買っていくことにしました。行きかたは、ぜんぶで何通りありますか。
※矢印の方向にしかすすめません。

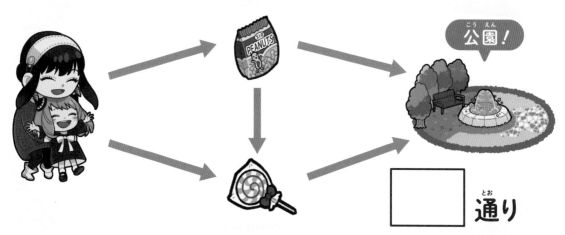

☐ 通り

2 アーニャとヨルは、公園から家へ帰ります。買いものをして帰ることにしました。　　　　　　　※矢印の方向にしかすすめません。

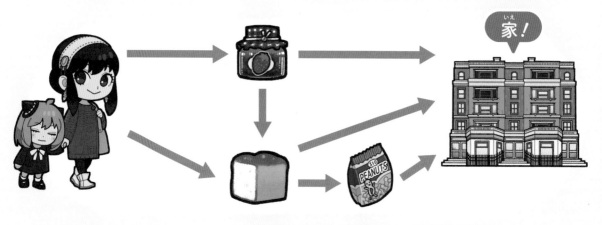

① 帰りかたは、ぜんぶで何通りありますか。

☐ 通り

② いちばんたくさん買いものをしたいときは、どの道を通りますか。線を書きましょう。

おうちの
かたへ

問題を解決するためのアルゴリズムにおいて大切なの
は、簡潔で効率的な手順を伝えることです。無駄のない
手順を用いれば、よりスムーズに、問題なく動作するプロ
グラムを作ることができます。いろいろな手順を考える活
動を通して、最適なアルゴリズムを導く練習をしましょう。

| 学習日 | 月 | 日 |

がんばったね！
シールを
はろう。

3 ア のコップにはミルクが、イ のコップにはジュースが入って
います。ウ のコップは空です。下の手じゅんで、ア と イ の中身
を入れかえます。□ にあてはまるものを ア 〜 ウ からえらび、
記号を書きましょう。

入れかえたあとの図

ア　イ　ウ

中身を入れかえる手じゅん

① ア のコップの中身を、□ のコップにすべて入れる。

② □ のコップの中身を、□ のコップにすべて入れる。

③ □ のコップの中身を、イ のコップにすべて入れる。

ここにもあるよ

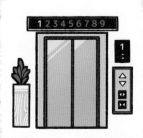

マンションやデパートで、たくさんのエレベーターがうごいているのを見
たことがありますか。あのエレベーターをうごかしているのも「アルゴリ
ズム」です。「どのかいに止まるか」「どのエレベーターがむかうか」など、
ふくざつな手じゅんをみじかい時間ではんだんして、たくさんの人をは
こびます。おりたいかいで止まらなかったり、いつまでまっても来なかっ
たりしないように、プログラミングの力がはたらいているのです。

ー「アルゴリズム」まとめもんだいー

じなんとさんぽ

イーデン校1年3組のみんなで、さんぽに出かけました。

いちばん はやくつく道がいい道さ！

みんなでおさんぽ！

おうちの
かたへ

「アルゴリズム」の単元のまとめ問題です。これまでの学習をふりかえりながら取り組むよう、お声がけください。

学習日	月	日

がんばったね！
シールを
はろう。

1 ダミアンは、はやくつく道にすすみたいようです。
いちばんはやくつく道は、**ア** ～ **エ** のどれですか。

ア ①→⑤→⑨

イ ①→⑦→⑩

ウ ①→⑦→⑧→⑨

エ ①→⑤→⑧→⑩

2 先生が、「花をたくさんつんで行こう」といいました。
花を いちばんたくさんつめる道は、**ア** ～ **ウ** のどれですか。

ア ①→⑤→⑧→⑩

イ ②→④→⑦→⑧→⑨

ウ ②→③→⑥→⑧→⑩

一度通った道は
引きかえすことは
できないわよ

3 つぎは、つんできた花をかざります。アーニャとダミアンは、
アイテムをどの手じゅんでえらびましたか。**ア** ～ **エ** で答えましょう。

かびんにいれて
りぼんをつけた！

がくぶちに入れて、はっぱも
いっしょにおし花にした

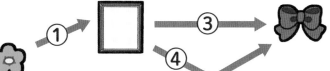

ア ①→③

イ ①→④

ウ ②→⑥

エ ②→⑤

デバッグ

1 アーニャは、下の矢印のすすみかたでスタートからゴールまですすもうとしています。ところが、今のままではゴールまですすめません。矢印を1つだけけすと、ゴールまですすめます。どの矢印をけせばいいですか。◯でかこみましょう。

アーニャの
すすみかた　➡　⬇　➡　⬅　⬇　➡　➡

はじめ

このやじるしのうち
どれがまちがっているのか…？

矢印1つで1マス
すすみますよ

あともどりは
できないですよ

スタート

ゴール

おうちの
かたへ

プログラムにバグ（エラーや予期しない動作）があると、
望んでいる結果と異なる結果が出力されてしまいます。
そのバグを見つけて正しいプログラムに修正することを
デバッグといいます。矢印の指示にしたがって迷路を進む
活動を通して、デバッグの考えかたを身につけましょう。

学習日	月	日
がくしゅうび	がつ	にち

がんばったね！
シールを
はろう。

2 つぎは、この道にちょうせんです。矢印の方向にしかすすめません。

これは いけそう！

① 今度は、スタートからゴールにすすめました。
　どうやってすすんだのか、スタートからゴールまで線を引きましょう。

② 矢印の向きを1つだけかえて、いちばんはやくゴールにつくには、
　どの矢印をかえたらいいですか。○でかこみましょう。

フランキーのひみつどうぐ

1 フランキーは、公園にいる女の人にプレゼントをとどけるロボットを作りました。しかし、プレゼントをうけとったのはひげのおじさんでした。【ロボットに出すめいれい】でまちがえたところはどこですか。ア～ウからえらび、記号を書きましょう。

【ロボットに出すめいれい】

はじめ

ア　まっすぐの道をすすむ。

イ　ふんすいのある角をまがる。

ウ　すべり台にいちばん近いベンチに行く。

プレゼントをわたす

まちがえた
めいれいは、□

ブランコ

スタート

ふんすい

すべり台

花だん

ひげのおじさん

女の人

おうちの
かたへ

「デバッグ」の単元のまとめ問題です。これまで
の学習をふりかえりながら取り組むよう、お声が
けください。

学習日　　月　　日

がんばったね！
シールを
はろう。

2 フランキーは、ワインをそそぐロボットを作りましたが、イラストのようにしっぱいしてしまいました。【ロボットに出すめいれい】のどことどこを入れかえればいいですか。**ア**〜**エ**からえらび、記号を書きましょう。

【ロボットに出すめいれい】

はじめ

 ア びんをもつ。

 パーティーやろうぜ！

 イ せんをぬく。

 ウ びんをかたむける。

 エ グラスをおく。

おわり

□ と □ を入れかえる。

0と1の世界

白と黒のマスを数字であらわすことにします。

 ➡ **0, 0, 1, 1, 0**

これは、0＝ぬらない（白）、1＝ぬる（黒）
というルールをつかって、数字になおしています。

むずかしい…

このあらわしかたをつかうと、つぎの絵は、
右の数字にかえることができます。

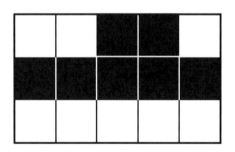 ➡ **0, 0, 1, 1, 0**
1, 1, 1, 1, 1
0, 0, 0, 0, 0

1 つぎの絵を、上と同じあらわしかたをつかって、数字にしてみましょう。

 ➡

| , | , | , | , | , |

| , | , | , | , | , |

| , | , | , | , | , |

| , | , | , | , | , |

コンピュータは絵などのデータも全て0と1に置き換えて内部で処理しています。このことを「デジタル化」といいます。また、情報の機密性を確保するためにデータを変換することを「暗号化」といいます。ここでは0と1だけでさまざまなことを表せるコンピュータ内部の世界に触れています。

おうちの かたへ

学習日　月　日

がんばったね！
シールを
はろう。

つぎのように、ことばを数字にかえることにします。

アーニャと	0000	フランキーが	0100	話す	1000
ロイドと	0001	ユーリが	0101	勉強する	1001
ヨルと	0010	ベッキーが	0110	あそぶ	1010
ボンドと	0011	ヘンダーソンが	0111	お茶をのむ	1011

たとえば、下の絵の様子は

アーニャ　　ベッキー

アーニャと	ベッキーが	あそぶ
⬇	⬇	⬇
0000	**0110**	**1010**

という数字におきかえて

0000　0110　1010

とあらわすことができます。

2 つぎの絵を、上と同じあらわしかたをつかって、数字にしてみましょう。

①

ロイド　　　　　　　　フランキー

②

ヨル　　　　　　　　ユーリ

ー「0と1の世界」まとめもんだいー
ロイドからのしれい

ボンドマンみたいなすぱらしい
すぱいになりたい！
ちち アーニャをきたえてくれ

あ ああ…
まあ いいけど

1 つぎのように、ことばを数字にかえます。

リビングで	0000	ボンドと	0100	ココアをのむ	1000
キッチンで	0001	いそいで	0101	おかしをさがす	1001
おふろで	0010	ベッキーと	0110	テレビを見る	1010
子どもべやで	0011	たくさん	0111	本を読む	1011

つぎのイラストを、
数字であらわしてみましょう。

1011してくれると
いいんだが…

おうちの
かたへ

「0と1の世界」の単元のまとめ問題です。0と1を使ったデジタル化や暗号化の考えかたについて、これまでの学習をふりかえりながら取り組むよう、お声がけください。

学習日　月　日

がんばったね！
シールを
はろう。

2 つぎのことをするように、ロイドからアーニャにしれいがきました。
左のページを見てアーニャがすることを **ア ～ ウ** からえらび、記号を書きましょう。

0001 0101 1001
をしろ！

ア 子どもべやでベッキーとココアをのむ

イ キッチンでいそいでおかしをさがす

ウ リビングでたくさん本を読む

3 0のマスには白、1のマスには黒の色をぬります。

① つぎのもようは、どのような数字を見て、色をぬったものですか。マスに数字を書きましょう。

数字を書いてみよう！

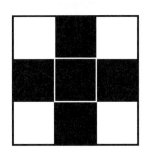

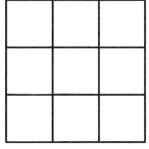

② つぎのメモの数字であらわしたもようのはこの中に、アーニャの大すきなピーナッツが入っています。
どのはこか、**ア ～ ウ** からえらび、記号を書きましょう。

【メモ】

1	0	1
0	1	0
1	0	1

ア 　**イ** 　**ウ**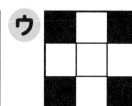

やったー！
ぴーなつげっと！

みんなでおでけけ！

すべてのワークを
やりおえたら
1ページめに
ステラ（星）シール
をはろう！

1 アーニャたちはおでかけの計画をたてました。

雨の日に行くところ	びじゅつかん、図書館、デパート
晴れかくもりの日に行くところ	公園、遊園地、どうぶつ園
ボンドもいっしょに行けるところ	公園、どうぶつ園

それぞれのしせつのお休みの日

図書館	毎週月曜日	遊園地	毎月10日と30日
びじゅつかん	毎週火曜日	どうぶつ園	毎月20日
デパート	毎月15日	公園	お休みなし

つぎのような日にはどこにでかけるか、**ア** 〜 **カ** からえらび、
記号を書きましょう。

① 5月20日 月曜日

おてんきは はれ！
ボンドもいっしょに
おでけけするます！

② 7月15日 火曜日

雨がふっています
ボンドさんはおうちで
おるすばんしていてくださいね

ア 図書館

イ びじゅつかん

ウ デパート

エ 遊園地

オ どうぶつ園

カ 公園

おうちの
かたへ

これまで学習してきたことの総まとめ問題です。
さまざまなプログラミングの考えかたを組み合わ
せて問題を解いていくよう、お声がけください。

学習日　　月　　日

がんばったね！
シールを
はろう。

2 アーニャたちが、つぎのような道をたどって家に帰ろうとした
ら、レストランについてしまいました。まちがえた部分を正しく
直しているものを、**ア** 〜 **ウ** からえらび、記号を書きましょう。

| アーニャたちが帰った道 | ① | まっすぐすすむ | → | ② | 右にまがってまっすぐすすむ | → | ③ | ②をもう2回くりかえす |

ア ②を「左にまがる」になおす。

イ ③を「②をもう1回くりかえす」になおす。

ウ ③を「②をもう4回くりかえす」になおす。

3 家に帰って、何をのみましたか。
右のアーニャのことばから考えて、
ア 〜 **ウ** からえらび、記号を書きましょう。

あったかくて
あまい！

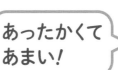

ア オレンジジュース

イ ココア

ウ コンソメスープ

これでこのワークは
ぜんぶおわり！

がんばり
ましたね〜

43

こたえ

じゅんじょ

4・5ページ じゅんじょ①

1

① | イ→エ→ウ |

② | エ→イ→ア |

2 | ウ→エ→イ→ア |

3

6・7ページ じゅんじょ②

1

2
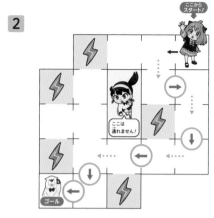

8・9ページ まとめもんだい

1 | ウ→エ→オ→イ→ア |

2 | イ→ウ→ア |

3
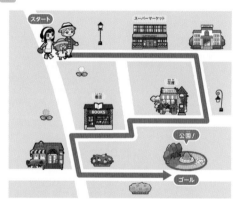

くりかえし

10・11ページ くりかえし①

1

①

②

③

44

2

①

? に入るのは、だれかな?

②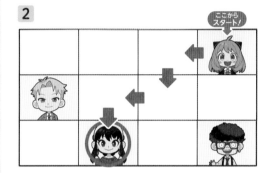

4

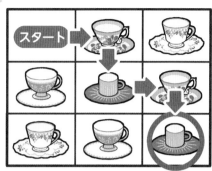

12・13ページ くりかえし②

1 ① **4** 回　② **3** 回

2

14・15ページ まとめもんだい

1

①
②

2 ① **ウ**　② **イ**

3

① ティーカップ **3** しゅるい

ケーキ **2** しゅるい

② ティーカップ

ケーキ

ぶんき

16・17ページ ぶんき①

1 ①のカード **エ**

②のカード **イ**

2 **ウ**

18・19ページ ぶんき②

1 ① **ア**　② **オ**

2 **ウ**

20・21ページ まとめもんだい

1 **ウ**

2 ア ◯　イ ✕　ウ ◯

3 **あお** の矢印

へんすう

22・23ページ へんすう①

1

 ➡ いぬ

べん

ぴー

2

がっこう　びょういん　しやくしょ

24・25ページ へんすう②

1

① イ　② エ　③ カ

2

① ア　② エ　③ イ

26・27ページ まとめもんだい

1

2

① ➡

②   ➡

アルゴリズム

28・29ページ アルゴリズム①

1

ア → イ → ウ → イ → ア

2

下にパンをおく。 1	トマトをおく。 4	ケーキをおく。 ✕
レタスをおく。 3	上にパンをおく。 5	肉をおく。 2

30・31ページ　アルゴリズム②

1 　|3| 通り

2 ① 　|5| 通り

②

3 ① 　|ウ|
　② 　|イ| |ア|
　③ 　|ウ|

32・33ページ　まとめもんだい

1 　|ア|　　**2** 　|ウ|

3 アーニャ 　|エ|
　　ダミアン 　|イ|

デバッグ

34・35ページ　デバッグ

1

2

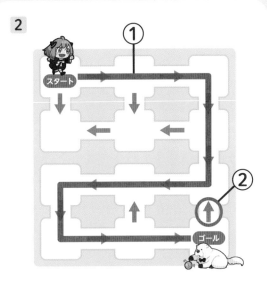

36・37ページ　まとめもんだい

1 　|ウ|

2 　|ウ| と |エ| を入れかえる。

0と1の世界

38・39ページ　0と1の世界

1

0, 1, 1, 1, 1, 0
1, 0, 0, 0, 0, 1
0, 1, 1, 1, 1, 1
0, 1, 0, 0, 1, 0

2

① | 0001 | 0100 | 1000 |

② | 0010 | 0101 | 1011 |

40・41ページ まとめもんだい

1

① 0000 0100 1010

② 0011 0111 1011

2 イ

3
①
0	1	0
1	1	1
0	1	0

② ア

さいしゅうオペレーション

42・43ページ

1 ① カ ② ア

2 イ **3** イ

> さいごまで
> がんばった！

SPY×FAMILY（スパイファミリー） ワークブック **アーニャとはじめてのプログラミング**

2024年3月31日　第1刷発行

キャラクター原作 ● 遠藤達哉

監修 ● 竹谷正明
（NPO法人 みんなのコード）

イラスト ● ペキォ

編集 ● 上田慈恩・北 佐知子
（株式会社カルチャー・プロ）

編集協力 ● 林士平・内田聡司
（株式会社ミックスグリーン）

カバー・表紙デザイン ● シマダヒデアキ・荒川絵利
（ローカル・サポート・デパートメント）

本文デザイン ● 浅見ダイジュ・藤安かおり
（&CAT）

発行者 ● 今井孝昭

発行所 ● 株式会社 集英社
〒101-8050
東京都千代田区一ツ橋2丁目5番地10号
電話 【編集部】03-3230-6024
　　　【読者係】03-3230-6080
　　　【販売部】03-3230-6393（書店専用）

印刷・製本所 ● 共同印刷株式会社